GRÜN wie GEHEIMNIS

Die Perlen des Glaubens in neuem Licht

IMPRESSUM

1. Auflage 2017

ISBN 978-3-87503-198-0

Lektorat: Sandra Peters-Hilberling

Gestaltung: EPN GmbH; Christine Matthies

Druck: Print Consult, München

Weitere Informationen: www.perlen-des-glaubens.de

„Perlen des Glaubens" ist der deutsche Titel des schwedischen Originals „Frälsarkransen" von Martin Lönnebo, der sie aus dem Erfahrungsschatz seines Lebens heraus entwickelt hat. „Frälsarkransen" ist markenrechtlich geschützt. Alle Rechte liegen beim Verbum Förlag AB, Stockholm. Die Lizenzerlöse fließen in den „Jonas-Lönnebo-Fond", aus dem Kinder mit geistigen und körperlichen Handicaps gefördert werden.
In Deutschland wurde das Perlenband erstmals als „Perlen des Glaubens" auf dem Ökumenischen Kirchentag 2003 vorgestellt. Das Amt für Öffentlichkeitsdienst der Evangelisch-Lutherischen Kirche in Norddeutschland (AfÖ) ist Herausgeber von „Perlen des Glaubens". Der Name ist urheberrechtlich geschützt.
In Deutschland wird das Projekt „Perlen des Glaubens" in Kooperation von AfÖ und dem Erzbistum Hamburg getragen und inhaltlich verantwortet.

GRÜN wie GEHEIMNIS

Die Perlen des Glaubens in neuem Licht

Kirstin Faupel-Drevs

Du edelstes Grün,

das seine Wurzeln in der Sonne hat und das in heiterem hellem
Glanz im Kreis leuchtet,
von keiner irdischen Intelligenz zu begreifen,
Du bist umfangen von der großen Umarmung
der göttlichen Geheimnisse.
Wie die Morgenröte strahlst du
und glühst wie das Feuer der Sonne.

Hildegard von Bingen[1]

Vorwort

„Eine der Perlen ist jetzt grün" – So heißt es im neuen Begleitbuch zu den Perlen des Glaubens. „Endlich!", sagen die einen, „das wurde aber auch Zeit! Die grüne Perle habe ich schon immer vermisst." - „Warum das denn?", fragen die anderen. „Gibt es jetzt nur noch zwei Geheimnis-Perlen?"

Um Neugierde und Fragen zu begegnen, gibt es dieses kleine Buch, das die grüne Geheimnis-Perle in den Fokus nimmt. Es folgt damit nicht nur der besonderen Spur der Farbe Grün in einigen ihrer vielen Schattierungen, sondern erkundet auch den geistlichen Spielraum, der sich dadurch öffnet – für den persönlichen Suchweg im Glauben ebenso wie für die Arbeit mit Gruppen in Kirche und Schule.

Jedes Gefüge ändert sich, wenn etwas Neues oder „eine Neue" dazu kommt, und es braucht einen Blick aufs Ganze und seine Möglichkeiten. Dabei verändert sich die äußere Gestalt der Perlen des Glaubens nicht zum ersten Mal. Nicht nur hinsichtlich der Materialität der Perlen - die fair gehandelten Glasperlen aus Indien haben inzwischen die früheren Holzperlen abgelöst, sondern auch im Blick auf die Form. So hatte das Perlenband noch im Jahr 2000 nicht sechs, sondern acht Perlen der Stille, und es gab damals weder Geheimnis-Perlen noch die Perle der Nacht.[2] Martin Lönnebo selbst hat das Band weiter entwickelt zu seiner heute vertrauten Form. Was die grüne Perle anbelangt, so ist sie auf unsichtbare Weise schon immer mitgelaufen. In einem Interview, das ich im

Sommer 2007 in Linköping mit ihm geführt habe, äußerte er sich folgendermaßen auf meine Frage, warum es denn keine grüne Perle im Band gäbe:

Das Perlenband beschreibt einen geistlichen Weg und die grüne Perle gibt es deswegen nicht als eine eigene Perle, weil sie überall mit drin ist. In Gott ist alles gegründet, auch die Liebe zur Schöpfung. In der Gottesperle ist schon alles da, was heilig ist. Und das ist mit der Erde verwandt. Wenn du Gott verstehst, dann verstehst du die Spatzen und die kleinen Blüten. Das ist der Weg von Franziskus: Die Nähe Gottes ist alles, das ist der geistliche Weg. Es geht um die Achtung vor der Schöpfung und wenn du der Gottesperle nahekommst, dann wirst du ein Freund der Natur. Sieh auf die Wüsten-Perle. Die Erde wird langsam in eine Wüste verwandelt. Und wenn man wirklich an die heilige Taufe glaubt, dann bekommt auch das Wasser eine andere Bedeutung. Wenn man sich die Heiligkeit des Wassers bewusst macht, dann kann man das Wasser nicht zerstören. Es muss rein und heilig bleiben. Also, die grüne Perle ist in allem![3]

Die Farbe Grün gehört nicht nur zum Farbkanon unserer Welt, sie verweist nicht nur auf ein notwendig gebotenes ökologisches Bewusstsein; sie steht für Gottes geheimnisvolle Schöpfung selbst, deren Teil wir sind. Mystikerinnen und Heilige wie die Naturkundige Hildegard von Bingen (1098-1179) und Franz von Assisi (1181-1226) weisen uns hin auf eine Spur, die sich schon im Umfeld der biblischen Schriften findet und die in den Gleichnissen Jesu ihren besonderen Ausdruck findet. Es geht um Gottes geheimnisvolles Wirken in allen Dingen und um seine gute Ordnung, die allem Lebendigen zugrunde liegt. So gibt es zum Beispiel ein Gedankenmodell, das die spirituelle Entwicklung der Menschheit beschreibt. Hier steht die „grüne Stufe" für ein Bewusstsein der sozialen und ökologischen Verantwortung, der Gleichberechtigung von Mann und Frau und der Integration aller Benachteiligten.[4] Diese anzuerkennen und in ihr Gottes Spuren zu finden, ist bleibender Auftrag des Menschen.

Kirstin Faupel-Drevs

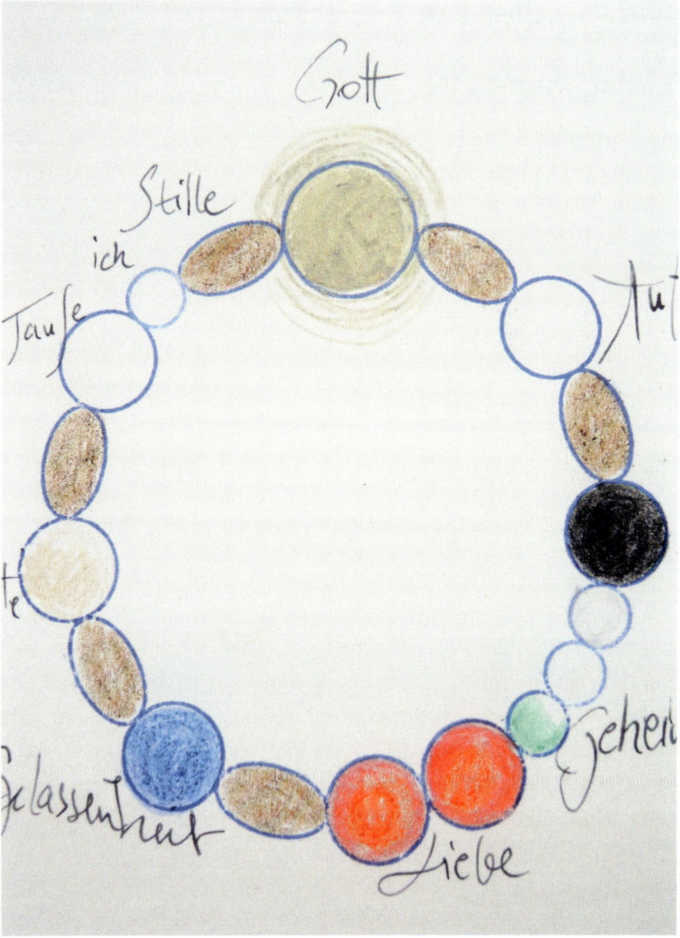

Gott

Stille

ich

Taufe

Auf

te

Gehen

Gelassenheit

Liebe

GRÜN - Eine Farbe stellt sich vor

Einfach nur SEIN

Weit im Süden, in den Schweizer Bergen, fließt die Verzasca, ein Fluss, der so grün und tief und klar ist, wie man es sich kaum schöner vorstellen kann. Sein Bett aus weißen und grauen Steinen ist vom Wasser weich geschliffen, selbst die größten Felsbrocken, die mit der Schneeschmelze ins Tal gerollt sind, hat der Fluss gezähmt und rund geformt. Im Sommer liegen die Menschen auf den hellen Steinen und schauen fasziniert auf das Fließen und die gefährlichen Strudel. Kinder fischen Kiesel aus den kleinen Seen am Rande und schichten sie zu Steinmännchen auf. An einigen Stellen kann man baden. Das ist das allerbeste: In das eiskalte Wasser zu tauchen und danach auf den heißen Steinen liegen, die Augen schließen und spüren, wie alles glüht und atmet und jede Pore wach im Leben ist.

Lebendig sein, ein Moment Leben in Fülle, die Schönheit der Natur mit allen Sinnen wahrnehmen, und alles andere versinkt. Wer hat das nicht schon einmal dankbar erlebt. Vielleicht im Urlaub. Die äußeren Sinne sind wie Antennen, die das Leben einatmen und dann alles im Körper und der Seele einspeichern. Solche Momente wirken nach, viel länger als scheinbar wichtige Termine, Events und was uns noch so unter Strom setzt im Alltag. Momente der Gelassenheit und Muße setzen sich ab im Gedächtnisspeicher der Biografie wie eine eigene Welt. In Krisenzeiten kann ich auf sie zurückgreifen, indem ich in die Erinnerung eintauche wie in einen heilsamen Raum, der beruhigt und belebt, der mich in Verbindung bringt mit allen lebenden Wesen, mit Pflanzen und Tieren, mit Erde, Luft und Weite.

Der bekannte deutsche Liedermacher Andreas Bourani hat nach so einem Moment seinen Song „Sein“ gedichtet.[5] Auf einem Konzert erzählt er, wie es dazu kam: Zusammen mit einem Freund verbrachte Bourani den Sommer in den Bergen. Auf einem Ausflug verpassten sie die letzte Seilbahn zurück ins Tal und mussten den Abend und die Nacht auf dem Berg verbringen. Es dämmerte schon und um ihn herum wurde es ganz still. In dieser Atmosphäre spürte er, wie nach und nach alles Schwere von ihm abfiel; er fühlte sich auf einmal frei von Ängsten und Zwängen, leicht und geborgen zugleich: „mir macht selbst Sterben keine Angst“. Er schreibt weiter: „Hier bin ich mit mir verbunden. Hier leb ich in mich hinein. Hier gelingt es für Sekunden, mich von allen zu befreien. Hier ist meine Angst verschwunden. Hier bin ich mit mir allein. Ich bin im großen Grün versunken, hier um einfach nur zu sein, zu sein, zu sein.“

Das Lied erzählt von einer unerwarteten tiefen religiösen Erfahrung: Ich muss nichts dafür tun, um bedeutungsvoll zu sein, ich darf sein wer ich bin, geborgen im gegenwärtigen Moment.

Die Wirkung des Grünen

Was assoziieren wir bei der Farbansage GRÜN? Die meisten Menschen – gebeten, kurz die Augen zu schließen – sehen als inneres Bild eine grüne Wiese vor sich, einen Wald oder eine blühende Landschaft. Grün hat eine beruhigende und zugleich energetisierende Wirkung auf das Gemüt, nach Goethes Farbenlehre besetzt es die Mitte des Farbspektrums. Der Keimling ist grün und das Wachsen und Werden in der Natur lässt bei vielen Menschen sofort das Wort „Hoffnung“ aufsteigen. Der Begriff stand neben dem Wort „Schöpfung“ auf den meisten der grünen Memo-Zettel, die wir baten auszufüllen, als wir im Sommer 2015 auf dem Stuttgarter Kirchentag zum ersten Mal das Perlenband mit der neuen grünen Perle vorstellten. Dabei gibt es in der Natur unendlich viel mehr Facetten und Farbschattierungen des Grünen, unter denen das ausgleichende Mittelgrün ebenso zu finden ist wie das kühle Blaugrün und das eher abschreckende Gelb- oder Giftgrün.

Ebenso wie die anderen Perlenfarben lässt auch diese Perle einerseits positiv besetzte Grundthemen assoziieren wie Wachsen, Leben, Hoffnung, Schöpfung, ökologisches Bewusstsein. Es geht aber auch in die umgekehrte Richtung: Tod und Vergänglichkeit, Schimmel, Krankheit, Giftpilz. Teufel und Drachen werden oft in grün dargestellt. Auch die Wesen, Pflanzenformen und Gegenstände, die wir mit dieser Farbe verbinden, gehen emotional und assoziativ in unterschiedliche Richtungen: Laubfrosch, Spinat, Blätter, Grünpflanze, Grünkern, Ampelmännchen, grüne Stola, Trinitatiszeit, Kräuter, Tee, Pigmente, „giftgrün“, Kreuz als Lebensbaum, Paradiesgarten – grüne Perle.

Dabei galt die „grüne Seite“ im Volksglauben als die Herzensseite und war nicht nur Kennfarbe der Förster, sondern auch der Bräute. Das Grün steht wie keine andere Farbe für die Verwandlung: aus der grünen Raupe, die in ihrer Verpuppung wie tot wirkt, schlüpft schließlich ein bunter Schmetterling.

In der menschlichen Wahrnehmung hat das Grün eine solche Dominanz, dass es neben den drei Grundfarben Rot – Blau – Gelb seine Eigenständigkeit behauptet. Im Mittelalter gehört es zum Vierer-Kanon der irdischen Sphären: vier Elemente, vier Erdteile, vier Jahreszeiten. In der damals populären Temperamentenlehre des Hippokrates (460-377 v. Chr.) unterschied der Arzt den Choleriker (Rot), den Phlegmatiker (Blau), den Sanguiniker (Gelb) und schließlich den Melancholiker (Grün). Der Farbpsychologe Max Lüscher spricht von den vier „Selbstgefühlen“: Aktives Selbstvertrauen (Rot), zufriedene Selbstbescheidung (Blau), aufgeschlossene Selbstentfaltung (Gelb) und stabile Selbstachtung (Grün).[6] Diese elementare Farbpalette, zu der noch schwarz und weiß hinzugezählt werden muss, stimmt mit dem neuronalen Farbsystem der Fotorezeptoren der menschlichen Netzhaut überein. Die beruhigende Wirkung des Grüns entsteht dadurch, dass die aktiven langwelligen und die passiven kurzwelligen durch die mittleren Wellenlängen, die das Grün-Empfinden auslöst, ausgeglichen werden. Die drei neuronalen Systeme der Netzhaut des Auges reagieren auf die jeweils als gekoppelte Kontrastpaare ansprechenden Lichtreize, indem sie Nachbilder produzieren in der Kombination: Hell-Dunkel, Rot-Grün und Blau-Gelb. Rot und Grün fordern einander und stehen im komplementären Verhältnis zueinander.[7] Das Wissen darum haben sich nicht nur die Impressionisten zu Eigen gemacht, indem sie eine grüne Wiese durch rote Mohnblumen-Punkte zum Flirren gebracht haben. Auch in zwei wichtigen Motiven christlicher Ikonografie ist dieser Effekt zu bemerken: dem Paradiesgarten und dem Kreuz als Lebensbaum, ergänzen sich das Grün der Vegetation und das Rot, das symbolisch für Lebensfrüchte, Blumen und das Herzblut der sich hingebenden Gottesliebe steht. Im Kranz der Perlen des Glaubens sind dem entsprechend die roten Perlen der Liebe und die grüne Perle nebeneinander.

Baum des Lebens im Paradies

Und er zeigte mir einen Strom lebendigen Wassers, klar wie Kristall, der ausgeht von dem Thron Gottes und des Lammes; mitten auf dem Platz und auf beiden Seiten des Stromes Bäume des Lebens, die tragen zwölfmal Früchte, jeden Monat bringen sie ihre Frucht, und die Blätter der Bäume dienen zur Heilung der Völker.

Offb 22,1f

„Du weidest mich auf einer grünen Aue“ – Grünes in der Heiligen Schrift

In der Bibel ist Grün die Farbe des Paradieses. Zu Beginn der Weltzeit, so heißt es in der Schöpfungsgeschichte, pflanzte Gott einen Garten für den Menschen, damit er ihn zusammen mit seiner Gefährtin bebaue und bewahre (Gen 2,5-15). Bereits am dritten Schöpfungstag, nach Erschaffung des Lichts und der Scheidung von Wasser und Land, hat Gott alles begrünt mit Kraut, das in sich Samen und Früchte birgt, Nahrung für die Tiere und die Menschen (Gen 1,11). Inmitten des Gartens steht der Baum des Lebens. Von dort aus fließen Flüsse in alle vier Himmelsrichtungen, die das Land fruchtbar machen und bewässern. Das Motiv des Lebensbaumes erscheint wieder in der Offenbarung, dem letzten Buch der Bibel. Im Zentrum der Heiligen Stadt Jerusalem, die von zwölf Perlen-Toren umschlossen ist, fließt ein Strom lebendigen Wassers, der so klar ist wie Kristall, und an dessen beiden Seiten Bäume des Lebens stehen, die *„tragen zwölfmal Früchte, jeden Monat bringen sie ihre Frucht und die Blätter der Bäume dienen zur Heilung der Völker“.* Offb 22,1f.

Das Motiv des Lebensbaumes findet sich wieder in vielen Kreuzesdarstellungen. Der Balken des Todes, an den Jesus von Nazareth genagelt wurde, verwandelt sich zum grünenden Lebensbaum. Nach christlicher Vorstellung hat Gott durch Kreuzestod und Auferstehung Jesu seinen ewigen Heilsplan erfüllt und den Weg der Hoffnung auf ewiges Leben eröffnet. Gerade indem er seinen Leidensweg angenommen hat, konnte Christus die Gewalt der Welt und ihrer Dämonen besiegen und hat den Gläubigen die Türen zum Paradies neu geöffnet.

„Wer überwindet, dem will ich zu essen geben vom Baum des Lebens, der im Paradies Gottes ist“. Offb 2,7

Die zwei roten Perlen des Glaubens neben der grünen erinnern nicht nur an Paradiesäpfel, sondern auch an die heilige Mahlfeier. Martin Lönnebo hat darum die zweite rote Perle auch bewusst „Perle der Hingabe“ genannt.

Wasser und Grün – für die semitischen Völker des alten Orients, die lange als Nomaden und Viehzüchter unterwegs waren, ein Zeichen des Lebens und der Verheißung schlechthin. Grün wächst dort wo Wasser fließt. Auch im übertragenen Sinn: Selig der Mensch, der über die guten Gebote Gottes nachsinnt, *„der ist wie ein Baum, gepflanzt an den Wasserbächen“* (Ps 1,3), so beginnt das Buch der Psalmen, Gebete und Lieder unserer jüdischen Väter und Mütter. An diese Erfahrung knüpft auch der bekannte Psalm des Guten Hirten an (Psalm 23), der seine Schafe einen guten Weg zu grüner Weide und zum frischen Wasser führt. Dieser Hirte wird in der christlichen Tradition nicht nur mit Jesus identifiziert, er erinnert auch an den Chidr, den „grünen Mann“ der islamischen Volksfrömmigkeit, der als Begleiter der Reisenden gilt und zugleich als Diener der göttlichen Vorsehung.[8] Grün ist die Farbe der Barmherzigkeit Gottes.

Auch die Kelten verehrten eine solche Gestalt, die sich in romanischen und gotischen Kirchen auf den Kapitellen einiger Säulen finden, so wie beispielsweise auf dem Säulenkapitell des Münsters in Heilbronn. Der grüne Mann galt als Sitz von Inspiration, Vorherwissen und Weissagungskraft. Ähnlich wie das Bild der „großen Mutter“ in den lateinamerikanischen Völkern geht es um die lebensspendende Kraft der Natur, um den Kreislauf des „Stirb und Werde", die sich in den Vegetationsmythen aller Völker widerspiegeln und die zugleich Ausdruck des archaischen, naturhaften Wesens im Menschen sind, wie angeblich „zivilisiert" auch immer er sich sehen mag.[9]

Für Hildegard von Bingen, Naturforscherin, Mystikerin und schreibende Ärztin des Mittelalters, ist die „viriditas", die Grünkraft, von zentraler Bedeutung. Sie ist Lebens- und Gotteskraft zugleich: *„Kein Baum grünt ohne Kraft zum Grünen, kein Stein entbehrt der grünen Feuchtigkeit, kein Geschöpf ist ohne diese besondere Eigenkraft, lebendige Ewigkeit selbst ist nicht ohne die Kraft zum Grünen."*[10] (Hildegard von Bingen) Das Grün hat seine Wurzeln in der Sonne und ist von keiner irdischen Intelligenz zu begreifen. Es ist ein Spiegel für die erneuernde Kraft des Heiligen Geistes, die nicht nur in der Vegetation, sondern auch in Leib und Seele des Menschen wirkt, in seiner Geschlechtskraft und einer gesunden Vitalität: „Die Seele ist die grünende Kraft des Leibes."[11] Der Mensch ist in ihrem Weltbild das lichtgrüne Herz der lebendigen Fülle der Natur; es ist das Tor in die Welt zu allen Elementen, „mit denen der Mensch das in die Tat umsetzt, was in ihm lebendig ist".[12] Wendet der Mensch sich jedoch von Gott ab, wird die Grünkraft geschwächt und das Leben verdorrt zur Wüste. Die Grünkraft ist ein Spiegel der Barmherzigkeit Gottes und steht – in Analogie dazu – auch für die menschliche Fähigkeit zur Geduld. Menschen, die in der Grünkraft leben, strahlen Weitherzigkeit, Gelassenheit und Liebe aus:

Die Seele ist wie ein Wind, der über die Kräuter weht,
und wie der Tau, der auf die Gräser träufelt,
und wie die Regenluft, die wachsen macht.

Genauso ströme der Mensch
sein Wohlwollen aus auf alle,
die da Sehnsucht tragen.

Ein Wind sei er, indem er den Elenden hilft,
ein Tau, indem er die Verlassenen tröstet,
und Regenluft, indem er die Ermatteten aufrichtet
und sie mit der Lehre erfüllt wie Hungernde:
indem er ihnen seine Seele hingibt.
Amen

Hildegard von Bingen[13]

Das Geheimnis des „von selbst“

Zwischen den beiden roten Perlen der Liebe und der schwarzen Perle der Nacht gibt es drei kleine Perlen. Sie sind so klein und schön wie die perlmuttfarbene Ich-Perle ihnen gegenüber. Diese drei „Geheimnis-Perlen“ stehen für das Unergründliche und Vielschichtige der menschlichen Seele: verborgene Träume, verdrängte Ängste oder alte Verletzungen, aber auch für das, was in mir wachsen will. Eine dieser drei Perlen ist grün. Sie symbolisiert das Geheimnis der Schöpfung, Gott wirkt in allen Dingen.

In seinen Gleichnissen begreift Jesus die Schöpfungs-Elemente als Bilder für Gottes Wirken. Es ist dem Bewirken-Wollen des Menschen immer schon voraus. Das Wesentliche geschieht von selbst, gleichsam über Nacht, wenn wir schlafen. Der Same des kleinen Weizenkorns *„geht auf und wächst – er weiß nicht wie. Denn von selbst bringt die Erde Frucht, zuerst den Halm, danach die Ähre, danach den vollen Weizen in der Ähre“.* Mk 4,27f.

Das ist sehr geheimnisvoll und zugleich auch entlastend. Ich kann und soll das Meine dazu beitragen, dass der Boden „gut bereitet“ wird, aber das Wachsen selbst kann ich nicht machen. Es ist wichtig, seinen Job gut zu erledigen, oder sich auf eine Prüfung so optimal wie möglich vorzubereiten, aber das garantiert noch lange nicht, dass etwas auch gelingt. Das Wort „Gelingen“ ist schöner als das Wort „Erfolg“. „Erfolg“ klingt wie das Gegenteil von „Gelassenheit“. Nicht weil erfolgreich sein an sich etwas Schlechtes wäre, aber es wird viel zu oft zum Maßstab der Dinge gemacht: Als „erfolgreich“ wird etwas betitelt, das von außen gesehen wächst, oder besser „prosperiert“, also Gewinn bringt: eine Firma expandiert, Aktien bringen guten Gewinn, ein Gottesdienst hat viele Besucher. Als ob es darauf ankommt. Erfolgsdenken, das sich allein in Zahlen bemisst, suggeriert, dass das Gelingen einer Sache davon abhängt, dass wir fleißig sind und uns nur kräftig bemühen müssten, dann wird es schon werden. Dies führt auf eine falsche Fährte, nämlich die, das Leben hänge von mir selbst und meinem Tun ab – davon, dass ich von außen bestätigt werde, dass ich „gut" bin.

„Du hast mich wunderbar gemacht, wunderbar sind deine Werke", staunt der Betende in Psalm 139. Der Mensch ist nicht nur „gut", wenn er gesellschaftlich funktioniert und erfolgreich ist. Er ist auch ohne all das ganz wunderbar von Gott geschaffen und soll leuchten wie eine helle kleine Meeresperle, in der sich alle Farben widerspiegeln. Das ist seine Berufung in den Augen Jesu. Jesus möchte den Blick weiten, auf die verborgene Dimension Gottes, die überall zu finden ist, und die bisweilen so nah ist, dass wir sie nicht mehr erkennen. Das wirklich Kostbare ist meistens verborgen im Acker unseres Alltags. Wir müssen nur genau hinschauen. Dann werden wir aufmerken, gerade auf das Kleine und sein geheimnisvolles Wirken.

Zu den Elementen der Gleichnisse gehört nicht nur das Samenkorn, sondern auch Sauerteig, Salz und Licht. Ihnen allen ist gemeinsam, dass sie unscheinbare und zugleich unentbehrliche Dinge des Alltags sind. Ihr Sinn und Zweck liegen jedoch darin, sich ganz und gar in etwas anderes, meist Größeres einzubringen und damit das Ganze zu verändern: Der Same in die Erde, der Sauerteig ins Mehl, das Salz ins Essen, die Lichtflamme in Wachs oder Holz. Erst im Kontakt mit dem anderen Element entfalten sie ihre Wirkung: Ernte, Brot, schmackhaftes Essen, Licht und Wärme und ein Zuhause, in dem sich leben lässt. Der Preis für dieses Verwandeln ist die Hingabe. Der Gewinn ist das Leben, mein ganz gewöhnliches Leben, das ich neu in seiner Fülle entdecken kann. Dazu gehört der Beruf ebenso wie der Sonntag, das geschäftige Tun ebenso wie Zeiten der Muße, in denen ich tun kann, was mir guttut, meine Beziehungen in Familie und Freundeskreis ebenso wie meine Beziehung zu Gott.

Noch etwas ist wichtig: Die Geheimnis-Perlen sind zu dritt, nicht allein. Es geht nicht nur um mich, sondern immer auch um das Geheimnis der Gemeinschaft. Ich soll leuchten, aber die anderen neben mir auch.

Drei Perlen - drei Gleichnisse

Das Wesentliche wächst von selbst –
du brauchst dich nicht zu mühen.
Es ist verborgen in deinem ganz gewöhnlichen Leben –
lass dich überraschen!
Du bist unendlich wertvoll in den Augen Gottes –
wie eine Perle, und die anderen sind es auch.

Kirstin Faupel-Drevs

Die Bäume

Immer sind es die Bäume
die mich verzaubern

Aus ihrem Wurzelwerk schöpfe ich
die Kraft für mein Lied

Ihr Laub flüstert mir
grüne Geschichten

Jeder Baum ein Gebet
das den Himmel beschwört

Grün ist die Farbe der Gnade
Grün ist die Farbe des Glücks

Rose Ausländer

Trinitatis – Grün-Zeit im Kirchenjahr

Im Kirchenjahr steht das Grün für die lange Trinitatiszeit im Sommer. Dann sind Altar, Kanzel und auch die priesterliche Stola in Grün gehalten. Ebenso an den Sonntagen nach Epiphanias, dem Fest der Erscheinung Gottes in der Welt. Ähnlich wie es bei den hellen Geheimnis-Perlen um eine vertiefende Betrachtung der Ich-Perle bzw. der menschlichen Seelenzustände geht, so kreisen die Themen der Trinitatiszeit um wesentliche Aspekte der Botschaft Jesu wie Berufung, Vergebung, Erleuchtung, Teilen. Bei der Geschichte der Speisung der 5000 taucht das Grün an prominenter Stelle auf. Als Jesus die vielen Menschen auffordert, sich zum Essen zu lagern, geht der Blick des Erzählers auf das grüne Gras (Joh 6,10; Mt 14,19). Es ist Frühling in Israel am See Genezareth und die Menschen bekommen nicht nur gute Worte, sondern auch Brot und Fisch zu essen, und das Wenige, das ein Kind mitgebracht hat in seinen Taschen, reicht wunderbarerweise für so viele.

Die Farbe Grün spielt auch eine wichtige Rolle in den Geschichten der Passion Jesu und den damit verbundenen Feiertagen in der Karwoche: Palmsonntag, Gründonnerstag, Ostern. Im nächtlichen Garten Gethsemane verbringt Jesus die letzten Stunden vor seiner Verhaftung, und in einem Garten liegt auch das Grab, das die Frauen am Ostermorgen leer vorfinden. Der Jüngerin Maria Magdalena erscheint der Auferstandene als Gärtner.

Bei all diesen Festen vermischen sich religiöse Rituale und profane Naturvorstellungen. Der Name Gründonnerstag kommt nicht nur von

„Greinen“ – Weinen, sondern leitet sich von der Tradition her, an diesem Tag des Gedenkens an das erste Abendmahl nicht nur zur Kirche zu gehen, sondern Zuhause grünes Gemüse und grüne Kräuter zu essen. Das hatte nicht nur mit den allgemeinen Fastenvorschriften für die Karwoche zu tun, sondern auch mit vorchristlichen Vorstellungen, dass dadurch die Kraft des Frühlings und eine Heilwirkung für das ganze Jahr aufgenommen werde. In einigen Regionen galt der Gründonnerstag als Tag der ersten Frühlingsaussaat.

Also beginne ich mit dem Anbau, bitte Gott um Regen
zur rechten Zeit und lasse alles wachsen –
das Ergebnis ist die Fülle in meinem Hochbeet.

Dann setze ich mich auf das Bänkchen (rechts unten)
und erlausche die Natur und spüre ihre heilenden Kräfte.
Das macht glücklich.

Gehen wir achtsam mit dem uns anvertrauten Garten Eden um
und bewahren alles, was darin wächst und lebt.

Verena Willigis

Ein Durchgang durch die Perlen einmal anders

Gott und ich, Ursprung und Ziel

Ein Wochenendseminar mit den Perlen des Glaubens. Eine Frau hat eine große Collage erstellt, auf der Stationen ihres Lebens erkennbar sind. Ganz oben links ein zu einer wunderschönen gleichmäßigen Schnecke eingerollter goldener Faden. „Der symbolisiert den Anfang vor dem Anfang“, sagt sie und erzählt von ihrem kleinen Sohn, der im Religionsunterricht einmal folgende Antwort fand auf die Frage: Wo komme ich her, wo war ich vor meiner Geburt? Er sagte: „Das ist doch klar. Bei Gott! Der hat mich gefragt: Willst du leben? Und ich hab 'JA' gesagt.“ Die Frau geht mit dem Finger den goldenen Faden entlang, der sich durch das ganze Bild hindurch weiter entwickelt und schließlich auf der rechten Seite sogar darüber hinausgeht. „Ich hoffe“, sagt sie, „dass es am Ende meines Lebens so ähnlich auch für mich ist und ich eingehe ins große Licht.“

Wo komme ich her – wo gehe ich hin – wie kann ich leben? Drei religiöse Grundfragen, die sich jeder Mensch irgendwann einmal stellt, ob er im christlichen Glauben oder einer anderen Religion beheimatet ist oder nicht. In den 18 Perlen des Glaubens sind die wesentlichen Themen des Lebens zusammengebunden mit den Schätzen des christlichen Glaubens. Das Perlenband kommt ursprünglich aus Schweden und ist dort bekannt unter dem Namen „Perlen des Lebens“ oder „Frälsarkransen“ – das heißt „Erlöserkranz“ oder auch ganz einfach „Rettungsring“. Es geht schließlich auch um die Frage: Woran kann ich mich festhalten, in guten und in schweren Zeiten? Die Perlen können mir Orientierung auf meinem Lebensweg geben, egal was geschieht. Und das, was ich mit den Händen und meinen leiblichen Sinnen begreife, das kann mein Herz besser verstehen.

Die Perlen unterscheiden sich in Größe und Farbe, jede hat einen Namen und eine besondere Bedeutung. Die erste Perle ist die allergrößte. Sie schimmert golden. Alle anderen Perlen werden von ihr zusammengehalten. Ihr Name ist „Gottesperle“, denn das Gold erinnert an das Licht der Sonne, die alles wachsen lässt und erhellt. Weil sie die größte von allen ist, kann ich sie auch im Dunkeln ertasten und mich daran erinnern: So wie ich diese Perle halte, so hält Gott auch mich in seiner guten Hand. Der schwedische Altbischof Martin Lönnebo, auf den die Perlen des Glaubens zurückgehen, hat mit der goldenen Perle ein ganz einfaches Gebet verbunden, und das geht so: Du bist ewig, du bist nahe, du bist Licht und ich bin dein.

12 Themen-Perlen

Manche Menschen gehen fast ein Leben lang durch die Wüste. So wie Elli. Ungewollter Nachkömmling einer Großfamilie in prekären Umständen. Als Kind dauernd geschlagen und in den Keller gesperrt. In der Schulzeit immer die Außenseiterin, die Ehe unglücklich, der eigene Kinderwunsch bleibt unerfüllt. Sie erzählt das alles und zeigt dabei auf die Perlen in ihrer Hand, als würden diese die einzelnen Stationen ihres Lebensweges markieren. Ich höre ihr zu und kann gar nichts sagen, so schlimm ist das alles. Und dann hält sie auf einmal die kleine „Ich-Perle" hoch und sagt erleichtert: „Aber das lass ich mir nicht nehmen! Gott hat mich gewollt. Ich kann auch leuchten!“ Die kleine perlmuttfarbene „Ich-Perle“ ist eine von insgesamt 12 Themen-Perlen im Gebetsband aus Schweden. Die Themenperlen folgen inhaltlich dem Gang der Lebensgeschichte Jesu und sie sind zugleich auch Stationen meines eigenen Suchweges. Nach der größten, der goldenen Gottesperle, kommt die allerkleinste, nur durch eine „Perle der Stille“ von Gott getrennt. Sie ist perlmuttfarben und erinnert an eine echte Meeresperle. Gott ist Mensch geworden, so bekennen wir es im christlichen Glauben. Und jeder Mensch stellt sich irgendwann die Frage: Wer bin ich? Und wozu bin ich berufen? Darum findet sich direkt neben ihr eine große weiße Perle. Sie heißt Tauf-Perle und sie steht für das große JA Gottes über meinem Leben. Es folgt die sandfarbene Wüsten-Perle. Jesus wurde nach seiner Taufe in die Wüste geführt, wo er 40 Tage und Nächte gegen die Macht des Bösen kämpfte. Erst danach ging er zu den Menschen, um zu lehren und zu heilen. Für seine befreiende Botschaft steht die blaue „Perle der Gelassenheit“. Sie soll zum Leben ermutigen. Denn darum geht es insgesamt in diesem Band. Die Kernaussage der Botschaft: Ich selbst bin wie eine Perle und Gott liebt mich so sehr, dass er alles andere hingibt, um mich zu gewinnen. Darum hat er Jesus geschickt, der mir mit seiner Lebensgeschichte vor Augen führt, was wesentlich ist: An der Liebe festhalten, trotz Missverständnissen und Gewalt, die ihn ans Kreuz gebracht haben. Sich immer – was auch geschieht – ganz und gar Gott hinhalten und dieser Kraft zu vertrauen. Und wenn mir das zu hoch und zu schwer ist, kann ich doch an dem, was eine Perle ausmacht, mein eigenes Leben besser verstehen: Das, was stört und schmerzt wie ein Sandkorn im weichen Innern der Perlenauster, kann umhüllt werden mit dem Perlmutt der heilenden

Liebeskraft Gottes. Was das Leben zumutet, muss nicht nur zerstörerisch sein, es kann auch integriert werden in meine Persönlichkeit. Dann kann ich wachsen und wirklich „größer" werden und leuchten, so wie Elli heute.

Der HERR ist mein Hirte, mir wird nichts mangeln.
Er weidet mich auf einer grünen Aue
und führet mich zum frischen Wasser.
Er erquicket meine Seele.

Er führet mich auf rechter Straße um seines Namens willen.
Und ob ich schon wanderte im finstern Tal,
fürchte ich kein Unglück; denn du bist bei mir, dein Stecken
und Stab trösten mich.

Du bereitest vor mir einen Tisch
im Angesicht meiner Feinde. Du salbest mein Haupt mit Öl
und schenkest mir voll ein.

Gutes und Barmherzigkeit werden mir folgen mein Leben lang,
und ich werde bleiben im Hause des HERRN immerdar.

Psalm 23

Zwei rote Perlen für Lieben, Hassen und all das

Wenn wir sagen: „Du hast die Sache *auf den Punkt gebracht*", meinen wir damit: „Du hast den *wesentlichen Kern* erfasst". Genau das wollte die katholische St. Ludwig-Gemeinde in Ibbenbüren, als sie sich traute, ihren renovierten Kirchraum auf ganz besondere Weise zu gestalten: Sie ließ sich nämlich ein auf den Vorschlag des Kunstprofessors Rupprecht Geiger, die Chorwand mit einem 6 mal 6 Meter großen leuchtenden roten Punkt zu gestalten. Das macht etwas mit den Leuten. Die physische Wirkung im Raum ist Spannung und pulsierende Energie. Auch darum begreift die „Gemeinde mit dem Roten Punkt" das leuchtende Magenta-Rot als „unbeschreibliche Farbe für den unbeschreiblichen Gott".

Das Wesentliche auf den Punkt bringen. Darum geht es auch bei den Perlen des Glaubens. Zwei der größeren Perlen sind rot. Sie heißen „Perlen der Liebe" und sie liegen direkt nebeneinander, dicht an dicht wie Zwillinge. Natürlich sind es zwei, für Ich und Du, Erotik und Barmherzigkeit; eben für die Liebe in ihren unendlich vielen Spielarten, inklusive Hass und Aggression. Auch solche Gefühle sind menschlich, wer könnte behaupten, niemals wütend zu sein? Manchmal muss Streit sein, um der Klarheit willen. Das Wort „Aggression“ kommt vom lateinischen „aggredere“, das heißt „voranschreiten“. In einer Beziehung, welcher Art auch immer, komme ich nur dann voran, wenn ich den Mut habe, Konflikte auch anzugehen statt sie unter den Teppich zu kehren. Streit habe ich in der Regel doch nur mit einem Menschen, an dem mir wirklich etwas liegt. Spannung im Miteinander hält die Beziehung lebendig. Aber es gibt auch das negative Extrem: Wenn jemand im wahrsten Sinne des Wortes „rot sieht“, die Spannung überdreht und gewalttätig wird. Jesus hat sich jeder Form von Gewalt verweigert. „Seid barmherzig!“ – „Vergebt einander!“ – „Haltet fest an der Liebe!“ Die Liebe miteinander teilen so wie das Brot – dazu sind wir als Menschen berufen, nicht nur als Christen, gerade in dieser Zeit. Gottes Liebe überschreitet alle Grenzen, auch unsere eigenen.

Das wird mir klar, wenn ich mein Perlenband anschaue. Die Perlen der Liebe liegen der goldenen Gottesperle gegenüber und können mit ihr zusammen-geknüpft werden. Dann entsteht eine liegende „8“, das Symbol für Unendlichkeit. „Du sollst Gott von ganzem Herzen lieben und deinen Nächsten wie dich selbst!“ So fasst Jesus im Doppelgebot der Liebe das jüdisch-christliche Gesetz zusammen. Die Liebe ist die größte der Gaben und Aufgaben Gottes, sie ist der springende Punkt in allen Beziehungen und zugleich ist sie der weite Raum, der alles hält und erhält.

Gelassenheit in Grün und Blau

Ich erinnere mich an einen heißen Tag im Sommer vor langer Zeit. Es ist ruhig auf den Straßen, die meisten sind im Urlaub, oder in ihren Gärten oder am Strand, wer weiß. Ich kann nicht weg, ich muss arbeiten. Und gerade heute liegt so viel auf meinem Schreibtisch, dass ich meinen Kopf nicht einmal aus dem Fenster stecken sollte. Mach ich aber, ich mag nicht mehr sitzen und grübeln. Lieber, viel lieber liege ich im Schatten unter dem Kirschbaum, schau ins Grüne und durchs Grün hindurch den Himmel aufblitzen. Irgendwann bin ich eingeschlafen. War doch erschöpfter als ich dachte. – Seit dieser Stunde unterm Kirschbaum sind Jahre vergangen. Ich weiß längst nicht mehr, was damals zu tun war. Ich weiß auch nicht mehr, was in dem Sommer überhaupt wichtig gewesen ist. Aber an diese eine Mußestunde erinnere ich mich noch immer gerne.

Das alte Wort „Muße" kommt eben nicht von „müssen", sondern bedeutet nahezu das Gegenteil, eine Zeit, die ein Mensch ganz nach eigenem Wunsch für sich nutzen kann; für Ruhe, Rückzug, Kreativität oder auch das Gebet. Es beschreibt also eine Haltung, die wahrnimmt, was gerade geschieht, auch in mir selbst, und was guttut. Nicht das Tun steht im Vordergrund, sondern das Lassen. „Frag heute mal nicht, was du tun musst, sondern was du alles lassen kannst", hat Bischof Martin Lönnebo einmal einem Freund geraten. Nur so können Leib und Seele wieder neue Kraft schöpfen und Vertrauen lernen, dass es etwas gibt, was mich trägt. Bernhard von Clairvaux, mittelalterlicher Kirchenpolitiker und Mystiker zugleich, hat einmal gesagt: „Leer werden für Gott – das ist nicht Müßiggang, nein, es ist die wichtigste aller Beschäftigungen."

Das Wesen der Natur

„Die Natur ist ihrem Wesen nach Religion. Der Sternenhimmel ist ein Gebet und jede Landschaft eine Anrufung. Die Grillen sprechen zu uns genauso von Gott wie die Sterne [...]. Das ganze Weltall wartet auf seine Wiedervereinigung mit Gott, aus dem es hervorging."

Ernesto Cardenal

s/w zwischen Taufe und Auferstehung

Im Eingangsbereich des Klosters steht ein sprudelnder Brunnen. Es ist schön dort, kühl und still, man hört nur das Plätschern. Viele der Eintretenden halten ihre Hand ins Wasser, spielen ein wenig, erfrischen sich. Andere tauchen die Hand nur kurz ein und bekreuzigen sich dann. Ein ganz altes Ritual, nicht nur die Katholiken kennen es, sondern die Christen aller Konfessionen. Auch der Reformator Martin Luther hat es täglich geübt, am Ende jeden Tages und auch früh zu Beginn. Im Gesangbuch findet sich folgender Hinweis: „Des Morgens, wenn du aufstehst, kannst du dich segnen mit dem Zeichen des heiligen Kreuzes und sagen: „Das walte Gott Vater, Sohn und Heiliger Geist, Amen." Auf diese Weise erinnern sich Christen an ihre Taufe. Wenn ich das Zeichen des Kreuzes mache, entweder für mich selbst oder als Pastorin zu Beginn eines Gottesdienstes, erscheint es mir oft wie ein kurzes Glaubensbekenntnis in einer einzigen Geste, die alles enthält: Meinen Glauben an Gott, der Jesus von den Toten auferweckt hat, die

Dankbarkeit, darin geborgen zu sein und zugleich das Wissen, dass das Leben ständig bedroht ist von Abgrund und Tod wie von einer Wasserflut, die plötzlich alles verschlingen kann.

In den Perlen des Glaubens gibt es zwei weiße Themen-Perlen. Die eine hat den Namen „Tauf-Perle“, die andere heißt „Perle der Auferstehung“. Beide sind ganz in der Nähe der goldenen Gottesperle. Weiß ist die Farbe des Lichts, es geht um das JA Gottes zu mir, ganz persönlich in der Taufe zugesprochen. Es geht aber auch um die Ermutigung, immer wieder aufzustehen, um zu leben, in meinem Alltag. Aber gilt das auch für das „ewige Leben“? Kann ein vernünftiger Mensch an die Auferstehung von den Toten glauben? Die weiße Perle der Auferstehung gibt es nicht ohne ihren anderen Pol, die schwarze „Perle der Nacht“. Morgen und Abend, Leben und Sterben, Tag und Nacht, laut und leise, Schlaf und Traum – das gehört zusammen. Genauso wie der Brunnen ein Symbol für die Quelle meines Glaubens ist und zugleich für das Abgründige darin, der dunkle Schacht, in den ich fallen kann, wenn ich den Halt im Leben verliere. Es gibt ja nicht nur den endgültigen Tod, dem niemand entfliehen kann, sondern auch die vielen kleinen Tode: Verlust, Trennung, Depression, Nacht der Seele.

Die Perlen des Glaubens erinnern mich daran, dass alles zu meinem Leben gehört, Gutes wie Schweres. Ohne die schwarze Perle wäre das Band nicht vollständig. Die Zusage bei der Taufe: „Du bist Gottes geliebtes Kind!“ wird erst im Moment meines Todes zur Gewissheit, wenn ich Gottes Licht schaue, nach dem Gang durch den Tunnel aller Zweifel. Das hoffe und das glaube ich.

Das „Trainingsgerät für die Seele" – persönliche Vertiefung und community

„Ins Wasser fällt ein Stein, ganz heimlich, still und leise, und ist er noch so klein, er zieht ganz weite Kreise.". So lautet der Beginn eines bekannten Kirchenliedes (EG 620). Nichts von dem, was wir tun oder denken, bleibt ohne Wirkung. Das lehren uns die einfachsten Vorgänge in der Natur. Und umgekehrt ist es genauso. Das, was um uns herum geschieht, verändert auch uns. Und manches von dem, was wir erleben, geht so in die Tiefe, dass wir sagen: „Das trifft mich mitten ins Herz".

Um die Wirkung nach außen und die Vertiefung nach innen, geht es auch beim Umgang mit den Perlen des Glaubens. Es verbindet Menschen miteinander, die Gott suchen, egal ob sie evangelisch oder katholisch, in einer Freikirche oder als spirituell Suchende unterwegs sind. Für die einen sind die Perlen so etwas wie ein „Vergissmeinnicht des christlichen Glaubens", für andere eine Einladung, auf ganz eigene Weise mit Gott in Kontakt zu gehen oder ins Gespräch. Und noch andere lieben besonders die schmalen sechs „Perlen der Stille", die sich links und rechts neben der goldenen Gottesperle und an vier anderen Stellen im Band finden. Sie unterbrechen den Lauf des Ganzen, und sie laden ein zum Beten oder Nachdenken. In der Stille kann nachklingen, was ich erlebe, und ich kann vor Gott sein, so wie ich bin. Mehr braucht es oft nicht. Dabei ist das Perlenband ganz einfach im Gebrauch. Der schwedische Bischof Martin Lönnebo hat die Perlen ein „Trainingsgerät für die Seele" genannt. Wir trainieren doch auch unseren Körper durch Sport und unseren Geist, indem wir uns bilden. Warum nicht auch unsere Seele? Dies können wir tun durch Kunst und Musik oder durch einfache geistliche Übungen wie Stille und Gebet. Die Perlen des Glaubens können ein gutes Hilfsmittel dafür sein. „Es ist schön, stark oder intelligent zu sein, aber es ist selig, liebevoll zu sein."[14] Letztlich geht es um Güte, Geduld und die Weisheit des Herzens.

Beim Gebrauch des Perlenbandes geht es also nicht nur um mich allein. Ich bin auch Teil einer Gemeinschaft. Gerade die Farben der Perlen machen das deutlich. Ich soll leuchten, aber die anderen neben mir auch. So unterschiedlich wie die Farben und Größen, so setzt sich oft auch unsere „community" – unsere Gemeinschaft zusammen, ob Gemeinde oder Familie, ob Team am Arbeitsplatz oder in der Schulklasse. Am besten sind wir im bunten Zusammenspiel. Nur so kann Gemeinsames wachsen und nach außen wirken. Auch von der himmlischen Weisheit heißt es, sie spielte vor Gott, vor Anbeginn von Welt und Zeit. Lassen wir uns davon inspirieren und spielen wir mit in Freiheit und Seligkeit. Dafür ist der Sonntag da, und auch dieser Tag heute.

Das Schönste

Ich flüchte
In dein Zauberzelt
Liebe
Im atmenden Wald
Wo Grasspitzen
Sich verneigen
Weil
Es nichts Schöneres gibt

Rose Ausländer

Übungen

Einleitung

Wer in die Natur hinausgeht und sich ihr mit allen Sinnen öffnet, begegnet Gott. Der christliche Meditationslehrer Franz Jalics hat die Natur „die große Lehrmeisterin der Kontemplation“[15] genannt. „Contemplari“ kommt aus dem Lateinischen und heißt „Schauen“ – und dies in einem doppelten Sinne: Nicht nur ich schaue Gott in seinen Geschöpfen an, sondern aus ihnen schaut Gott mich an. Wenn ich die Natur wahrnehme: die Blätter eines Farns, die Rinde des alten Baumes, die kleinen Dolden des Spitzwegerichs und dabei kleine Tiere entdecke, die sich ihren Weg durch die Grashalme am Boden suchen, dann kann ich darin das Wunder der Schöpfung entdecken. Die Natur ist voller Leben. Und alles erhält seine Nahrung aus der Erde und wächst dem Licht entgegen, auch der Mensch. Die folgenden Übungen können dabei helfen, Gottes Gegenwart mit allen Sinnen wahrzunehmen.

Spaziergang im Grünen

Start mit der Gottesperle

Ansagen zu Beginn:

„Wir wollen jetzt unseren meditativen Spaziergang im Grünen beginnen. Die Perlen des Glaubens begleiten uns dabei und können uns helfen, alles was wir sehen und erleben, noch bewusster wahrzunehmen. Jede und jeder hat ein Perlenband in der Hand und geht einen eigenen Weg, mal für sich, mal im Austausch mit anderen. Wenn die Glocke läutet, halten alle einen Moment inne und es gibt einen kleinen Impuls zum Nachdenken, manchmal auch eine Übung, die alle so mitmachen können, wie es gut für sie ist.

An einer Stelle machen wir eine Pause, um uns auszuruhen und zu stärken.

„Versucht jetzt, ganz bei euch selbst zu sein, euren eigenen Weg zu gehen und dabei ein Teil dieser wunderschönen Natur zu werden. Gott ist da, er ist wie das Licht der Sonne und die Grünkraft der Erde. Er ist uns ganz nahe auf dem Weg, so wie Jesus, der als Auferstandener unsichtbar mitgeht. Gott ist spürbar bei jedem Atemzug, den wir tun, Wind-Geist-Leben und lebendig in unserer Gemeinschaft, die vom Heiligen Geist zusammengehalten und getragen wird."

„In diesem Bewusstsein lasst uns jetzt losgehen. Lasst los, was noch auf euch lastet, geht einen neuen Weg!"

10 Min. im Schweigen.

1. Station – Blick aufs Wasser

Wer bin ich? Woher komme ich? Wohin gehe ich? Was macht mich aus? –

Hand aufs Herz, meine Lebendigkeit spüren
Blick aufs Wasser:
Aus dem Wasser bin ich geboren. Wasser kann gefährlich sein und schön. Wie ist es jetzt gerade?

Übung Tauferinnerung: Zum Wasser hingehen und sich zeichnen mit dem Wasserkreuz oder: sich gegenseitig ein Wasserkreuz auf auf Stirn oder Hand zeichnen und sagen: „Du bist getauft auf den Namen Gottes des Vaters, des Sohnes und des Heiligen Geistes."

5 Min. weitergehen und dabei meinen eigenen Namen und seine Bedeutung meditieren

2. Station – Blick auf den Boden

Wie gehe ich durchs Leben? Wie stehe ich? Was gibt mir Stand und Halt, wenn der Wind weht?

Übung: Boden unter den Füßen spüren, wanken, einen festen Stand im Sand finden – bewusstes Weitergehen, Schritt für Schritt setzen, danach eine Zeitlang im Pilgerschritt (zwei Schritte vor und einer zurück) gehen. Beim Gongton stehenbleiben.

Ich gehöre zu Gott. „Du stellst meine Füße auf einen weiten Raum." (Ps 31, 9).

5 Min. im Pilgerschritt.

3. Station – Blick in den Himmel

Was brauche ich zum Leben? Was ist zu viel? Was möchte ich loslassen?

Übung 1: Hände kräftig zur Faust ballen und dann langsam und bewusst öffnen.

„Seht die Vögel unter dem Himmel an, sie säen nicht, sie ernten nicht, sie sammeln nicht in die Scheune, und euer himmlischer Vater ernährt sie doch!" (Mt 6, 26)

Übung 2: Sich einen Ort suchen, Wachsen wie ein Baum, in dem Vögel nisten können.

„Ich suche mir einen guten Ort. Der ist dort, wo ich für einen Moment „Wurzeln schlagen" möchte. --- Der Ort, wo ich stehe, wird zu einem Ort der Kraft. Meine Füße schlagen Wurzeln, die gehen in die Tiefe, bis zum Grundwasser. Von dort, aus der Erde, fließt mir neue Kraft zu und durchströmt mich, erst die Füße, dann die Beine hoch, dann in den ganzen Leib. Ich werde innerlich weit, meine Haltung verändert sich, Lebendiges erfüllt mich, fließt durch mich durch, geht weiter über mich hinaus. Ich bin wie ein Baum, in dem Vögel nisten können."

„Wohl dem Menschen, der Freude hat an Gott, der ist wie ein Baum, gepflanzt an den Wasserbächen." (Ps 1,3)

10 Min. Weitergehen im Schweigen.

4. Station – Blick in die Runde

Wen und was liebe ich? Welche Beziehungen sind mir besonders wichtig? Gibt es auch jemanden, den ich hasse?

Übung: Um die Wette laufen für eine kleine Strecke. Dann stehenbleiben, Herzklopfen spüren.

„Was bringt mich in Bewegung? Äußerlich und innerlich? Wann spüre ich mein Herzklopfen besonders stark? Ärger und Wut, Verliebtsein, Freude, ..."
Sich zu zweit zusammentun und einander „Herzklopfengeschichten" erzählen.

10 Min. weitergehen.

5. Station – Blick ins Grüne

Was gibt mir Kraft? Was will in mir wachsen? Was erhoffe ich mir für mein Leben?

Übung: Sich umschauen und zu einer Pflanze/Strauch/Baum hingehen und sie mit allen Sinnen meditieren, d.h. anschauen, berühren, riechen ...

„Der Herr ist mein Hirte, mir wird nichts mangeln. Er weidet mich auf grüner Weide und führet mich zum frischen Wasser. Er erquicket meine Seele." (Ps 23,1f.)

10 Min. weitergehen und dabei auf die vielen verschiedenen Grüntöne achten.

6. Station – Pause und Stärkung in der Gemeinschaft für den weiteren Weg

Geheimnis-Perlen als ein Bild für Gemeinschaft und die Geheimnisse des Glaubens – wir teilen Wasser und Brot und Erzählen Welcher Gemeinschaft fühle ich mich zugehörig? Familie, Freunde, Arbeitskollegen, Kirche. Wie geht es mir mit den Menschen, mit denen ich jetzt gerade unterwegs bin?

Übung: Gemeinsam Essen und Teilen. An einem schönen Ort (windgeschützt, guter Ausblick, bequem, vielleicht gibt es Bänke, sonst eine Unterlage für den Boden) setzen sich alle im Kreis zusammen, um ein kleines Stärkungsmahl zu halten.

Es kann ganz einfach sein: Brot und Wasser, vielleicht ein Stück Obst. Wenn alles in der Mitte bereit ist, sagt die Leitung: „Jesus Christus spricht: Wo zwei oder drei versammelt sind in meinem Namen, da bin ich mitten unter ihnen. (Mt 18,20)
Gott ist gegenwärtig in unserer Mitte. In seinem Namen teilen wir diese Gaben. Sein Friede sei mit uns allen, Amen." Alle reichen einander die Hände und schauen sich an. Dann wird gegessen. Dabei ist beides möglich: Schweigen und Erzählen.
„Sie blieben aber beständig in der Lehre der Apostel und in der Gemeinschaft und im Brotbrechen und im Gebet." (Apg 2,42)

7. Station – Blick ins Dunkel und ins Licht

Perle der Nacht und der Auferstehung

Was macht mir Angst? Gibt es etwas, was mir besonders „bevorsteht" in der kommenden Zeit? Was brauche ich jetzt besonders?

Übung 1: Leitung bittet die Teilnehmenden, die schwarze Perle für einen Moment genauer anzuschauen und sich an einen dunklen Moment zu erinnern – Stille – jetzt wahrnehmen, in welche Haltung der Körper bei dieser Erinnerung annimmt – Stille – jetzt sich bewusst aufrichten und das Gesicht in die Sonne halten – Leitung: „Gott spricht: Fürchte dich nicht, denn ich habe dich erlöst. Ich habe dich bei deinem Namen gerufen; du bist mein!" (Jes 43,1)

Übung 2: Leitung bittet die Teilnehmenden, sich zu zweit zusammen zu tun zu einem einfachen Segensritual. Dabei legt die eine der anderen die Hand auf die Schulter und sagt: „(Name des Gegenübers), Christus spricht: Ich lebe und du sollst auch leben! Friede sei mit dir!" Bei dem letzten Satz kann die Gebärde des Kreuzes gemacht werden. Dann Wechsel und der/die andere segnet.

8. Station – Abschlussrunde

„Wir sind am Ziel unseres meditativen Spazierganges angekommen. In unserem Perlenband steht am Anfang und am Ende die goldene Gottesperle. Sie steht für die Frage, wer unser Leben zusammenhält. Gott sagt von sich:„Ich bin das A und das O, der Anfang und das Ende." (Offb 21,6)

Übung: Einen Segenskreis miteinander bilden. Entweder einen großen, oder zwei: mit Kindern innen und Erwachsenen außen.

Lied und Gebärden: „Du bist ewig"

„Wir bleiben mit geöffneten Händen stehen und empfangen den Segen Gottes: Gott segne uns und behüte uns! Gott, lass leuchten dein Angesicht über uns und sei uns gnädig! Gott, erhebe dein Angesicht auf uns und schenke uns deinen Frieden, Amen."

Schluss, kein weiterer Austausch.

Lied und Gebärden von „Du bist ewig“

Text: Martin Lönnebo, Musik: Johan Denke, Übers.: Kirstin Faupel-Drevs

	Liedzeile	Gebärde
0		Aufrecht stehen, die Hände auf der Brust übereinander gelegt.
1	„Du bist ewig“	 Arme öffnen sich weit nach außen.
2	„Du bist nahe“	 Hände werden über dem Herzen zusammen geführt.
3	„Du bist Licht“	 Hände beschreiben über dem Kopf einen weiten Bogen, wie einen Lichtkreis.
4	„Und ich bin dein“	 Hände vor dem Unterleib nach vorne hin geöffnet.
1...	„Du bist ewig“	 Arme öffnen sich gleich in die Weite.

Der Sämann – Körpergebet

– Ich komme in einen guten Stand: die Füße sind parallel, etwa hüftbreit auseinander (das „eigene Maß“ finden), die Wirbelsäule ist aufgerichtet, das Becken leicht nach vorne gekippt, die Arme hängen locker herab.

– Mit dem Oberkörper komme ich leicht ins Schwingen. Die Bewegung geht nur von der Hüfte aus, die Arme schwingen locker mit.

– Das innere Bild vom „Sämann“: Mit meinen Händen streue ich den Samen auf das Land, erst vor meinen Füßen, dann weiter hinten, dann ganz weit. Die Hände wechseln sich ab, die Arme und Schultern gehen immer stärker mit. Ich komme wieder zur Ruhe und spüre der Bewegung nach.

– Das innere Bild einer „Pflanze“ (Weizenkorn, Blume, Baum, ...): Ich neige mich langsam zum Boden, der Rücken ist rund, ich werde kleiner und immer kleiner, bis ich auf dem Boden kauere. Ich stelle mir vor, ich bin ein Samenkorn in der Erde. Dort ruhe ich, dort werde ich genährt, dort bin ich sicher, dort bekomme ich alles, was ich brauche.
– Ich verweile –

– Wenn der Gong ertönt, richte ich mich langsam auf, aus dem Samen wächst die Pflanze, die zum Licht hinwächst. Ich stelle mir die Bewegung erst vor, danach erst richte ich mich langsam auf. Ich mache alles in meinem Tempo.

– **GONG**

– (Wenn alle wieder stehen) Ich bin eine Pflanze, verwurzelt im Boden, auf festem Grund. Von dort kommt Grundwasser und fließt von unten in meine Wurzeln und meinen Leib. Ich wachse dem Licht entgegen, und führe dazu langsam meine Arme und Hände zum Himmel wie eine Ähre oder eine Blüte oder die Krone eines Baumes. Von oben kommt das Licht der Sonne, Christuslicht. Alles nehme ich in mir auf, indem ich die Arme von oben an meinem Körper entlang wieder nach unten führe, bis ich wieder ganz entspannt stehe.

– Von unten das Wasser, von oben goldenes Licht, goldgelbes Leuchten. Ich schaue, was geschieht, wenn beides sich in mir mischt. Ein Grün entsteht. Es leuchtet, es tut mir gut.

– Gebärdengebet: „Du bist ewig, du bist nahe, du bist Licht und ich bin dein“ (siehe S. 59).

Lieder singen:

„Dass Erde und Himmel dir blühen“ (A+O 17)

oder:

„Wenn die Hoffnung bei uns einzieht“ (Kirchentagsliederbuch 2009)

Körpergebet (2)

Stehen im Kreis, alle in Armeslänge Abstand voneinander entfernt.

Ich bin ein Sämann oder eine Säfrau. Ich stehe mit beiden Füßen fest auf der Erde, der Oberkörper ist frei beweglich. Ich streue meinen Samen auf das Land: Erst greift die rechte Hand in den Beutel auf der linken Seite und streut in weitem Bogen aus, dann greift die linke in den Kornbeutel auf rechten Seite und wirft das Korn in weitem Bogen auf den Acker, dann wieder die rechte. Solange, bis alles Korn gesät ist und die Beutel leer sind.

JedeR ist ganz bei sich und hat sein eigenes Zeitmaß. Am Ende, wenn die Hände wieder leer sind, werden sie auf dem Unterleib (zwischen Bauchnabel und Schambein) zusammengelegt. Danach kann sich der „bewegter Morgengruß“anschließen.

Bewegter Morgengruß:

Beginn	mit den Händen auf dem Herzen.
„Ich öffne mich:	Hände öffnen sich,
für den Himmel	nach oben,
für die Erde	nach unten.
und zwischen Himmel und Erde stehe ich.	Hände ruhen auf dem Herzraum.
Ich empfange, was ich brauche,	Hände schöpfen von oben, an den Seiten.
und lasse den Rest.	Hände wie zur Abwehr nach vorne,
	dann abgrenzend zum Boden führen,
Ich werde	Hände formen einen Samen vor dem Unterleib, dann werden die
und wachse,	aneinandergelegten Handflächen langsam nach oben geführt,
empfange den Segen, gebe ihn weiter	Hände öffnen sich zum Segen, weitergeben nach links und rechts.
und beginne den Tag!	Abschluss mit Händen auf dem Herzen und einer Verneigung.

Eine Reise in ein biblisches Bild

Einen biblischen Text meditieren:

1. Lesen – Hören – erneut lesen
2. Bibelteilen: Welche Worte, Bilder, Textpassage erinnere ich?
3. Biblische Betrachtung
4. Rückkehr und Austausch (zu zweit)

Das Gleichnis vom Wachsen der Saat

Und er sprach: Mit dem Reich Gottes ist es so, wie wenn ein Mensch Samen aufs Land wirft und schläft und steht auf, Nacht und Tag; und der Same geht auf und wächst – er weiß nicht wie. Von selbst bringt die Erde Frucht, zuerst den Halm, danach die Ähre, danach den vollen Weizen in der Ähre. Wenn aber die Frucht reif ist, so schickt er alsbald die Sichel hin; denn die Ernte ist da. (Mk 4, 26-28)

Anleitung zur biblischen Betrachtung:

Ich schließe meine Augen und gehe in die Geschichte hinein wie in ein Bild: Ich stehe auf einem Acker, weites Land vor meinen Augen. Ich nehme alles mit meinen Sinnen wahr: Wo bin ich? Bekanntes oder unbekanntes Land? Was sehe ich? Wie ist der Boden unter meinen Füßen? Wie ist die Luft, wonach riecht es? Was höre ich?

Und er sprach: Mit dem Reich Gottes ist es so, wie wenn ein Mensch Samen aufs Land wirft.

Solange säe ich schon meinen Samen auf das Land, Stunden, Tage, mein ganzes Leben säe ich schon.

Wie wenn ein Mensch Samen aufs Land wirft und schläft und steht auf, Nacht und Tag; und der Same geht auf und wächst – er weiß nicht wie.

Und wieder stehe ich auf meinem Acker. Es ist Zeit der Ernte. Die Saat ist aufgegangen. Wie sieht die Landschaft jetzt aus? Was sehe ich jetzt? Wie ist die Luft? Was geht mir durch Herz und Sinn, wenn ich die blühende Landschaft betrachte? Meine Hände greifen sich einen vollen Halm.

Von selbst bringt die Erde Frucht, zuerst den Halm, danach die Ähre, danach den vollen Weizen in der Ähre.

Ich freue mich daran und spüre meine Dankbarkeit. In meinem inneren Blick verbinden sich Himmel und Erde, und ich bin ein Teil von allem.

Und ich höre Den, der mir vom Reich Gottes in meinem Leben erzählt. Ich höre Seine Stimme, ich fühle mich angesehen. Und ich höre die Frage: „Was will bei dir wachsen?"

Rückkehr aus dem Bild:

Ich lasse die Frage in mir nachwirken. Dann verabschiede ich mich von dem inneren Bild. Ich trete aus der Landschaft heraus. Ich komme wieder zurück in diesen Raum, in die Gegenwart hier und jetzt. Ich spüre den Boden unter meinen Füßen in diesem Raum und öffne die Augen.

Austausch zu zweit

Austauschrunde, eine grüne Holzperle wird von Hand zu Hand weitergegeben.

„Was will wachsen in deinem Leben?"

Von Schöpfungsgeheimnis und Stille

(Inspiriert von Dietmar Schmidt-Pultke)

Zwei Dreiecke (Davidstern) + Gen 1 = Sonntagswunder

Zwei große Dreiecke werden so gezeichnet bzw. übereinandergelegt, dass sich daraus ein Davidstern bildet. Die Schöpfungsgeschichte wird gelesen und die einzelnen Dreiecke werden anhand der einzelnen sechs Schöpfungstage nacheinander gestaltet (mit Kett-Materialien, als Kollage, Naturmaterialien). Die große Mitte steht für den 7. Tag, den Sonntag. Man kann diese Übung auch „in klein" gestalten, nämlich mit zwei Dreiecken aus Papier, die dann bemalt werden. Wenn die sechs Enden dann in die Mitte geklappt werden, gibt es einen schönen „Aha-Effekt": alle sechs (Wochen-) Tage nehmen zusammen so viel Platz ein wie der Sonntag. Ein schönes Bild für biblische „Life-Balance".

1000x Grün – Ich male mir mein Grün

Materialien: Tuschfarben, besser Gouache-Farben in Gelb (Hellgelb, Permanentgelb) und Blau (Hellblau, Preußischblau, Königsblau, Ultramarin, Denimblau), ausreichend Pinsel und Wassergefäße, Skizzenpapier und kleine, möglichst quadratische Blätter aus gutem Aquarellpapier.

Übung: Die Teilnehmenden bekommen Zeit (etwa 15 Min.), um ihren eigenen Grünton zu entwickeln, indem sie Gelb und Blautöne miteinander mischen. Danach in der Runde austauschen: Was für ein Grün ist entstanden? Was löst es in mir aus und warum? Ist es tatsächlich „mein" Grün geworden, oder sehe ich in der Runde ein anderes Grün, das mir besser gefällt? Welche Farbmischungen im übertragenen Sinn gibt es in meinem Leben, wenn sich Lichtes und Dunkles/Kühles miteinander mischt?

Gebete

Gottesperle

Du bist ewig, du bist nahe, du bist Licht und ich bin dein.
So kommen wir zu dir, unser Gott,
Du bist ewig –
unser Schöpfer, der du alles was lebt erschaffen hast.
Du bist nahe –
In Jesus Christus hast du unser Leben geteilt. In ihm bist du meinem Herzen oft näher als ich mir selbst sein kann.
Du bist Licht –
Und gegenwärtig in allem was lebt. Du durchatmest alles durch die Heilige Geistkraft und verbindest uns mit dir und untereinander.
Du in mir und ich in dir
Und so bin ich dein,
heute und in Ewigkeit.

Amen

Fürbittengebet

Lebendiger Gott,
zu dir kommen wir mit unserem Gebet. Du weißt, was wir brauchen, Du hörst uns, bei Dir dürfen wir ehrlich sein. Darum vertrauen wir dir an, was uns jetzt bewegt.

Wir danken dir für die Schöpfung, für alles was lebt und atmet, für die Grünkraft in den Dingen; für alle Schönheit da draußen, die kaum zu fassen ist.
Wir wissen, wie bedroht die Natur auf unserem gesamten Planeten ist, auch durch uns selbst. Wir schämen uns für alles, was schon zerstört ist. Wir haben Angst vor weiteren Naturkatastrophen.
So bitten wir dich um Schutz für Pflanzen und Tiere, um fruchtbaren Boden, sauberes Wasser und klare Luft.
Gib uns wache Sinne, dass wir deine Geschöpfe achten und deinen Garten bewahren.

Wir rufen zu dir: Kyrie eleison

Wir danken dir für unser eigenes kostbares Leben und auch dafür, dass wir nicht alleine sind in dieser Welt. In deinen Augen sind wir wie einzigartige Perlen.
Wir wissen aber auch, was Menschen einander antun können. Wir haben Angst vor Gewalttaten, vor Krankheit und Leid, vor Einsamkeit und Irrsinn, vor dem Tod.
Gib dass wir uns mit deinen Augen anschauen, lehre uns deinen Weg der Freude und Barmherzigkeit. Gib, dass wir das Angesicht Jesu finden, wenn wir einander mit Liebe begegnen.

Wir rufen zu dir: Kyrie eleison

Wir danken dir dafür, dass wir hier und heute friedlich zusammen Gottesdienst feiern können. Wir danken dir für deinen Shalom, den großen Traum von Frieden und Gerechtigkeit, der unsere Hoffnung nährt.

Wir wissen aber auch um das bestehende Unrecht: in unserem Wirtschaftssystem, an den Grenzen Europas, in den vielen Kriegs- und Krisengebieten dieser Welt. Wir denken besonders an … (Syrien, Irak und Iran, Afghanistan, Nigeria, Somalia ... und wir sorgen uns heute, nach dem Brexit, auch um die Zukunft Europas).
Mach uns wach, dass wir versuchen, deinen Willen zu tun zum Wohl der Gesellschaft. Gib uns Politiker, die verantwortungsbewusst und menschlich handeln. Lehre uns deinen Geist des Friedens, der Liebe und der Barmherzigkeit.

Wir rufen zu dir: Kyrie eleison

Gebet für unsere Erde

Allmächtiger Gott,
der du in der Weite des Alls gegenwärtig bist
und im kleinsten deiner Geschöpfe,
der du alles, was existiert,
mit deiner Zärtlichkeit umschließt,
gieße uns die Kraft deiner Liebe ein,
damit wir das Leben und die Schönheit hüten.

Überflute uns mit Frieden,
damit wir als Brüder und Schwestern leben
und niemandem schaden.
Gott der Armen,
hilf uns,
die Verlassenen und Vergessenen dieser Erde,
die so wertvoll sind in deinen Augen,
zu retten.
Heile unser Leben,
damit wir Beschützer der Welt sind
und nicht Räuber,
damit wir Schönheit säen
und nicht Verseuchung und Zerstörung.
Rühre die Herzen derer an,
die nur Gewinn suchen
auf Kosten der Armen und der Erde.
Lehre uns,
den Wert von allen Dingen zu entdecken
und voll Bewunderung zu betrachten;
zu erkennen, dass wir zutiefst verbunden sind
mit allen Geschöpfen
auf unserem Weg zu deinem unendlichen Licht.
Danke, dass du alle Tage bei uns bist.
Ermutige uns bitte in unserem Kampf
für Gerechtigkeit, Liebe und Frieden.

Amen

Papst Franziskus, Enzyklika Laudato si

Der Sonnengesang mit den Perlen

Beginn

Höchster, allmächtiger, guter Herr, dein sind Lobpreis, Herrlichkeit, Ehre und jegliche Benedeiung.
Dir allein, Höchster gebühren sie, und kein Mensch ist würdig, dich zu nennen.

Gottesperle

Gelobt seist du, mein Herr,
mit allen deinen Geschöpfen, zumal der Herrin, Schwester Sonne,
denn sie ist der Tag, und spendet das Licht uns durch sich. Und sie ist schön und strahlend in großem Glanz. Dein Sinnbild trägt sie,du Höchster.

Ich-Perle und Tauf-Perle

Gelobt seist du, mein Herr,
durch Bruder Mond und die Sterne,
am Himmel hast du sie gebildet,
hell leuchtend und kostbar und schön.

Wüsten-Perle

Gelobt seist du, mein Herr,
durch Bruder Wind und durch Luft und Wolken und heiteren Himmel und jegliches Wetter, durch welches du deinen Geschöpfen den Unterhalt gibst.

Perle der Gelassenheit

Gelobt seist du, mein Herr,
durch Schwester Wasser, gar nützlich ist es und demütig und kostbar und keusch.

Perlen der Liebe	Gelobt seist du, mein Herr, durch Bruder Feuer, durch das du die Nacht erleuchtest; und es ist schön und liebenswürdig und kraftvoll und stark.
Grüne Perle	Gelobt seist du, mein Herr, durch unsere Schwester, Mutter Erde, die uns ernährt und lenkt und mannigfaltige Frucht hervorbringt und bunte Blumen und Kräuter.
Drei Perlen der Geheimnisse	Gelobt seist du, mein Herr, durch jene, die verzeihen um deiner Liebe willen und Schwachheit ertragen und Drangsal. Selig jene, die solches ertragen in Frieden, denn von dir, Erhabenster, werden sie gekrönt.
Perle der Nacht	Gelobt seist du, mein Herr, durch unseren Bruder, den leiblichen Tod; ihm kann kein Mensch lebend entrinnen. Wehe jenen, die in schwerer Sünde sterben.
Perle der Auferstehung	Selig jene, die sich in deinem allheiligen Willen finden, denn der zweite Tod wird ihnen kein Leides tun.
Gottesperle Segen Abschluss	Lobet und preiset meinen Herrn und erweist ihm Dank und dient ihm mit großer Demut.

Fanz von Assisi (1181 – 1226)[16]

Grüne Sammlung

Bibel

Bild für die Vergänglichkeit des Menschen

Die Menschen sind wie ein Gras, das am Morgen noch sprosst, das am Morgen blüht und sprosst und des Abends welkt und verdorrt (Ps 90,5f)

Von den Übeltätern heißt es: Denn wie das Gras werden sie bald verdorren und wie das grüne Kraut werden sie verwelken" (Ps 37,2)

Bild für die Schönheit und Kraft Israels

„Der Herr nannte dich einen grünen, schönen, fruchtbaren Ölbaum." (Jer 11,16)

Speisung der 5000

Jesus aber sprach: Lasst die Leute sich lagern. Es war aber viel Gras an dem Ort. Da lagerten sich etwa fünftausend Männer (Joh 6,10; Mt 14,19)

Gleichnisse

Vom Sämann: Mt 13,1-9/; Mk 4,1-9/10-20; Lk 8,4-8/9-10-17
Von der selbst wachsenden Saat: Mk 4,26-28
Vom Senfkorn: Mt 13,31f; Mk 4,30-32; Lk 13,18f.
Vom Schatz im Acker: Mt 13,44
Von der kostbaren Perle: Mt 13,45f.

Lieder

- Dass Erde und Himmel dir blühen (A+O 17)
- Korn, das in die Erde (EG 98)
- Hoffnung, die dunkle Nacht erhellt (A+O 46)
- Nun steht in Laub und Blüte (EG 639)

Bilder

- Chagall, Grüner Christus
- Mosaik von San Clemente in Rom (bzw. ähnliches in Ravenna)
- Apsismosaik mit dem Jüngling auf der Wiese
- jugendliche Christusgestalt
- Claude Monet, Grüne Brücke, Giverny
- Jan van Eyck, Arnolfini-Hochzeit
- Hildegard-Bild
- Eric Carle, Kleine Raupe Nimmersatt

Platz für eigene Sammlung

Platz für eigene Zeichnungen

Fußnoten:

1 Übersetzung: Dr. Annette Esser, Scivias-Institut.

2 Zeitschrift Korsevej 2000, Seljord 18.-23. Juli.

3 Interview mit Bischof Martin Lönnebo vom 24. Juli 2007 in Linköping. Text bei der Autorin.

4 M. und W. T. Küstenmacher, T. Haberer, Gott 9.0, S. 32.f.

5 Andreas Bourani, „Sein“ auf dem Album „Hey“ (Vertigo Berlin 2015). Erzählt von Christine Lewitz aus Hamburg, 02.07.2016.

6 A. Biesinger, G. Braun, Gott in Farben sehen, S. 133ff.

7 A. Biesinger, G. Braun, Gott in Farben sehen, S. 129 u 147f.

8 I. Riedel, Farben, S. 105f.

9 C. Hicks, gelesen bei: http://www.geomantie.net/article/read/6093.html.

10 Hildegard von Bingen zitiert in: I. Riedel, S. 108f.

11 Hildegard von Bingen, zitiert in: I. Riedel, S. 108f.

12 H. Schipperges, Die Welt der Hildegard von Bingen, S. 95.

13 Segensgebet der Hildegard von Bingen in Auszügen, aus: H. Schipperges, Der Mensch in der Verantwortung, S. 108, Text leicht gekürzt.

14 M. Lönnebo, Själen.

15 Franz Jalics, Kontemplative Exerzitien, S. 38.

16 Rainer Kürzinger, Bernhard Sill, Das große Buch der Gebete, S. 612-614.

Quellen:

- A und O – Lieder und Gebete aus der musikalischen und geistlichen Praxis im Ansverus-Haus, hg. Yotin Tiewtrakul, Luth. Verlagsgesellschaft mbH, Kiel 2014.
- Ausländer, Rose : Das Schönste. Aus: dies., Ich höre das Herz des Oleanders. Gedichte 1977-1979. © S.Fischer Verlag GmbH, Frankfurt am Main 1984.
- Ausländer, Rose: Die Bäume. Aus: dies., Jeder Tropfen ein Tag. Gedichte aus dem Nachlaß. © S. Fischer Verlag GmbH, Frankfurt am Main 1990.
- Biesinger, Albert und Gerhard Braun: Gott in Farben sehen. Die symbolische und religiöse Bedeutung der Farben, München 1995.
- Bourani, Andreas: Lied „Sein“, „Hey“, erschienen bei Vertigo Berlin 2015.

- Cardenal, Ernesto: Das Buch von der Liebe, Peter Hammer Verlag, 5. Aufl. 2004.
- Evangelisches Gesangbuch, Ausgabe der Evangelisch-Lutherischen Kirche in Norddeutschland für den Sprengel Hamburg und Lübeck und für den Sprengel Schleswig und Holstein, Luth. Verlagsgesellschaft mbH Kiel, 5. verbesserte Aufl. 2013.
- Düchtling, Hajo: Farbrausch. Die Farbe in der Malerei, Belser Verlag 2014.
- Enzyklika Laudato si von Papst Franziskus über die Sorge für das gemeinsame Haus, Pfingsten am 24.5.2015.
- FundStücke, Liederbuch zum 32. Deutschen Evangelischen Kirchentag in Bremen 2009, hg. 32. Deutscher Evangelischer Kirchentag Bremen 2009 e.V.
- Haberer, Tilmann; Küstenmacher, Marion und Werner: Gott 9.0. Wohin unsere Gesellschaft spirituell wachsen wird, 7. Aufl., Gütersloh 2010.
- Clive Hicks „Green Man. The Archetype of our Oneness with the Earth", Harper, 1990 (mit William Anderson); „The Green Man – A Field Guide", Compass Books, 2000, gelesen bei: http://www.geomantie.net/article/read/6093.html. Siehe auch William Anderson, Der Grüne Mann, Ein Archetyp der Erdverbundenheit, Walter Verlag 1993.
- Jalics, Franz: Kontemplative Exerzitien. Eine Einführung in die kontemplative Lebenshaltung und in das Jesusgebet, Würzburg 7. Aufl. 2001.
- Kobbert, Max J.: Das Buch der Farben, Darmstadt 2011.
- Kürzinger, Reinhard und Sill, Bernhard: Das große Buch der Gebete, München 2003.
- Lönnebo, Martin, Själen, Verbum Verlag, Stockholm 1999.
- Riedel, Ingrid: Farben. In Religion, Gesellschaft, Kunst und Psychotherapie, Buchreihe Symbole, Stuttgart Berlin 1983.
- Schipperges, Heinrich: Der Mensch in der Verantwortung. Das Buch der Lebensverdienste, Salzburg 1972.
- Schipperges, Heinrich: Die Welt der Hildegard von Bingen. Panorama eines außergewöhnlichen Lebens, Freiburg i. Br. 1997.
-Stier, Fridolin: Das Neue Testament, Kösel Verlag 1989.
- Bibeltexte wurden nach der Lutherbibel, revidiert 2017, © 2016 deutsche Bibelgesellschaft Stuttgart zitiert.

Seminare und geistliche Angebote

Amt für Öffentlichkeitsdienst der Nordkirche (AfÖ)

Königstr. 54

22767 Hamburg

Telefon 040 / 30620 – 1100

info@afoe.nordkirche.de

Unsere Perlen-Kurse finden in Kooperation mit dem Erzbistum Hamburg statt.
Aktuelle Kurse finden Sie unter www.perlen-des-glaubens.de.
Ein Kontakt zur Spiritualin Dr. Kirstin Faupel-Drevs ist über das AfÖ möglich.

Armbänder

Glasperlen für Erwachsene und Kinder

Perlenband mit 17 Perlen aus Glas und einer Messing-Perle mit Erläuterung. Das Kinderband hat einen Durchmesser von ca. 50mm.
Alle Glasperlen-Bänder werden von Tara Projects, einem Fairhandels-Unternehmen in Indien gefertigt.

je	**12,95 €**
ab 10 Stück je	**10,50 €**
ab 50 Stück je	**9,95 €**

Perlen-Bausätze Glasperlen

Zum selber Auffädeln, besonders geeignet für die Arbeit in Gruppen. Jeweils 17 Glasperlen und eine Messing-Perle mit Gummiband in einer Dose mit Erläuterung.
Nur im 10er Set erhältlich.

je 10er Set	**96,20 €**
ab 5 Sets je	**91,00 €**
ab 10 Sets je	**89,00 €**

Steinperlen für Erwachsene

Perlenband mit 17 Perlen aus echten Steinen, Perlmutt und eine vergoldete Perle im Beutel, mit Erläuterung.

je	**39,00 €**
ab 5 Stück je	**37,00 €**
ab 25 Stück je	**35,00 €**

Große Holzperlen

Zum Einsatz in Kindergärten, Kindergottesdiensten, Gemeindegruppen oder zur Präsentation bei Veranstaltungen, 18 Holzperlen, je ca. ø 5 cm speichelfest lackiert, biegsamer Draht, im dekorativen Stoffbeutel. **63,80 €**

ewig – nahe

Exerzitien mit den Perlen des Glaubens
Dr. Kirstin Faupel-Drevs

208 Seiten, mit 12 Bildtafeln der Künstlerin Benita Joswig, hochwertiger Leineneinband und Leseband, gestaltet von Susanne Pertiet
ISBN 978-3-87503-146-1 **19,95 €**

Vier Wochen Zeit für mich – und Gott, dazu lädt die Autorin, Spiritualin des Projektes Perlen des Glaubens mit ihrem Buch ein. In sieben Briefen erklärt sie, was Exerzitien sind, und führt in die Bedeutung der Perlen des Glaubens und in das Beten mit dem Perlenband ein. Für die festen Gebetszeiten dieses Exerzitienkurses gibt es Anleitungen, um die eigenen Gebetszeiten zu gestalten. Dann geht es in vier Wochen mit kreativen Impulsen, mit Meditationen und Texten, Anleitungen zum Schreiben und Malen und Körper-Übungen an den Themen der Perlen entlang. Dieses hochwertig gestaltete Buch enthält 12 auf Transparentpapier gedruckte Blider der „Seelenburg" von Benita Joswig. Es sind temporäre Glasmalereien, die während eines Projektes im Ansverus-Haus entstanden sind.

Perlenzeit

Meditationen und Gebete
mit den Perlen des Glaubens
Joachim Zierke

128 Seiten mit Abbildungen, hochwertiger Leineneinband, mit Leseband, gestaltet von Susanne Pertiet
ISBN 978-3-87503-145-4 **14,95 €**

In Perlenzeit stellt der Autor, selbst Pastor, Gebete mit den Perlen des Glaubens vor, die den Alltag strukturieren oder der Kirchenjahreszeit entsprechen. Themen des Lebens wie Freude und Dank, Sorge und Trauer werden dabei ebenso bedacht wie das Leben Jesu.

Werkstattbuch

Herausgegeben
von Dr. Kirstin Faupel-Drevs
und Sandra Peters-Hilberling

384 Seiten,
inkl. Material-CD,
ISBN 978-3-87503-123-2

19,95 €

Ob mit den Kleinsten im Kindergarten, den Konfirmanden oder Firmlingen, ob im Gottesdienst, der Gemeindegruppe oder in der Schule – dieses Buch bietet vielfältige Anregungen um mit den Perlen des Glaubens zu arbeiten. Ein ökumenischer Autorenkreis stellt in diesem Buch seine erprobten Konzepte vor und regt zum Nachtun, Verändern und Ausprobieren an.

Werkstattbuch 2

Herausgegeben
von Patricia von Massenbach-Wahl
und Jens Ehebrecht-Zumsande

264 Seiten,
inkl. Material-CD,
ISBN 978-3-87503-164-5

16,99 €

Für die Arbeit mit der Zielgruppe Kinder und Jugendliche ist ein weiteres Werkstattbuch erschienen. In gewohnter Weise werden gelungene Konzepte aus der praktischen Arbeit vorgestellt, die genug Raum für eigene Ausgestaltung lassen.

Zu bestellen bei: Lutherische Verlagsgesellschaft mbH, Tel. 0431/ 557 79-285, vertrieb@lutherische-verlag.de, www.glaubenssachen.de

Weitere Produkte finden Sie auch unter: www.glaubenssachen.de

Informationen und Neuerscheinungen: www.perlen-des-glaubens.de

Aktionspreise

Tagebuch und Farbstifte

Meine Zeit mit den Perlen des Glaubens

Tagebuch und 6 Farbstifte,
wasservermalbar,
Faber-Castell Grip, im Metalletui
mit hochwertigem Leineneinband,
ISBN 978-3 -87503-149-2

9,50 €

Die Meditations-CD

Perlen des Glaubens zur Einübung in christliche Spiritualität

Anschaulich erklärt Susanne Kaiser, Pastorin in Hamburg und Autorin von NDR-Morgenandachten, die Bedeutung der 18 Perlen. Musikalische Improvisationen von Claus Bantzer (Orgel, Flügel) und Leszek Zadlo (Saxophon) leiten von Perle zu Perle und laden ein, den Alltag für einen Moment zu unterbrechen.
ca. 58 Minuten **9,95 €**

Die Lieder-CD

mit Liedern von Clemens Bittlinger und Texten von Dr. Kirstin Faupel-Drevs

Ein Mensch macht sich auf die Suche, die Perlen in seiner Hand begleiten ihn. Im Dialog mit seinem inneren Engel kommt dieser Mensch seinem Ziel Perle für Perle näher. Inspiriert von den meditativen Texten der Spiritualin Kirstin Faupel-Drevs beschreibt Clemens Bittlinger in seinen Liedern einfühlsam und gewohnt authentisch, wofür die einzelnen Perlen stehen.
ca. 70 Minuten **9,95 €**

Bildnachweis:

Sara Danielsson (Verbum Verlag): Grüne Perle, Foto

Kirstin Faupel-Drevs:

S. 11 ausgemaltes Stempelbild
S. 14/15 Verzascatal, Tessin (Schweiz), Foto
S. 19 Lebensbaum-Fresco, 14. Jh., Brindisi, Santa Maria del Cassale, Foto
S. 24 Clara hat den Durchblick, Foto
S. 32/33 Mohn im Gedreidefeld, Foto
S. 39 Weg unter Kirschbäumen in Maxen, Foto
S. 49 Garten Ansverus-Haus, Foto
S. 51 Grünes vom Ratzeburger See, Foto
S. 60 Labyrinth im Garten des Ansverus-Hauses, Foto
S. 62 „Der Sämann“ 2016 (Ausschnitt), Gouache auf Papier, 70x100,
S. 68 Malen im Garten, Foto
S. 70/71 Island of Staffa, Schottland Foto
S. 75 „Schneeglöckchen-Kraftwerk“ 2014 (Ausschnitt), Gouache auf Papier, 70x100,
S. 76 Ratzeburger Dom, Foto
S. 80/81 Herbst in Vogorno, Foto
S. 82 „Reisegefährten“ 2017, Eitempera auf Leinwand, 18x24,
S. 85 „Gethsemane-Engel“ 2016 (Ausschnitt), Gouache auf Papier , 70x100,
S. 89 „Aussicht auf den See Genezareth 2 (Ausschnitt), Eitempera auf Leinwand, 40x40,

Benita Joswig:

S. 6, Glasmalerei, Foto: Thomas Hirsch-Hüffell

Christine Matthies:

Fotos: S. 29, 34, 36, 40, 42, 44;
Illustrationen: S. 61, 65,

Pixelio:

S. 55 Andreas Hermsdorf, Foto
S. 57 Uwe Kunze, Foto

Karin Spangler:

S. 23 Grüner Mann, Schlussstein im Chorraum des Heilsbronner Münsters, Foto
Kay Winter, Winterpol: S. 46, Foto